GUERRE D'ORIENT.

TROISIÈME PARTIE.

CONTENANT

les évènements militaires qui se sont succédés depuis le 1er Janvier 1855 jusqu'à la prise de Sébastopol, arrivée le 8 Septembre de la même année.

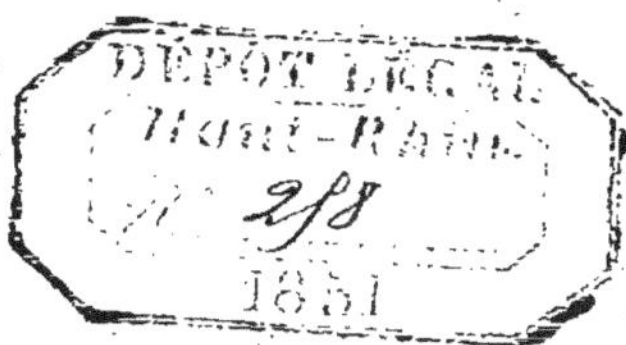

MULHOUSE,
IMPRIMERIE DE J. P. RISLER.
1855.

Le général Péllissier,
commandant-supérieur de l'armée de la
Crimée, depuis Mai 1855.

La fin de l'année 1854 n'a été marquée par aucune affaire importante devant Sébastopol; les armées alliées se rapprochaient continuellement de la place, par le moyen des tranchées, aussi promptement que le permettait la nature du terrain. L'hiver qui fit son apparition dans les premiers jours de Janvier par de fortes neiges, prolongea encore de six semaines cette espèce de trève, qui ne fut interrompue que par quelques sorties nocturnes que firent les assiégés et dans lesquelles ils furent constamment repoussés avec perte; mais si le feu et le tranchant des armes ne firent que peu de victimes parmi eux durant cette période, la rigueur de la saison vint à leur aide, dans la première phase de sa durée; c'est sur tout le camp anglais où l'on n'avait pas été en mesure de garantir convenablement les troupes, qui fit d'assez nombreuses pertes.

Le 26 Janvier 1855 fut conclu avec le Piémont un traité d'alliance, par lequel cette puissance prenait fait et cause contre la Russie, et s'engageait à fournir un corps de 15000 hommes à l'armée alliée de la Crimée.

L'armée russe de la Crimée devenant de jour en jour plus forte, les commandants des armées alliées avaient fait transporter à Eupatoria, leur premier point de débarquement, une division de 30,000 hommes de l'armée turque du Danube, sous le commandement d'Omer-pacha; cette place fut en même temps entourée de quelques ouvrages de défense plus importants que ceux qui la garantissaient. Ces mesures n'avaient pas été inutiles, car dans la nuit du 16 au 17 février les Russes, profitant de l'obscurité, établirent autour de la place, dont les travaux d'enceinte n'étaient pas entièrement achevés, une sorte de parallèle non continue, formée de levées de terre destinées à couvrir leur artillerie et leurs tirailleurs.

Le 17, à cinq heures du matin, 80 pièces ouvraient leur

feu. Derrière cette artillerie étaient massés 25,000 hommes d'infanterie et 400 chevaux.

Après une canonnade d'environ deux heures, cinq bataillons d'infanterie, munis des matériaux nécessaires pour le franchissement du fossé et l'escalade, s'avancèrent jusqu'à 400 mètres, protégés par des pans de mur d'un ancien cimetière; puis deux de ces bataillons furent lancés en avant. Cette colonne arriva jusqu'à 20 mètres du fossé; mais reçue par une vive fusillade, elle battit en retraite. Ramenée une seconde fois à l'attaque, elle fut vigoureusement repoussée par un bataillon turc qui, sortant de la place, l'aborda franchement à la baïonnette et la mit en déroute pendant que la petite cavalerie ottomane la chargeait en flanc. Cette colonne laissa cent cinquante morts au milieu du cimetière.

Dans l'intervalle, la canonnade avait continué sur toute la ligne, mais à dix heures, la retraite des Russes se prononça et devint définitive. Les pertes de l'ennemi, dans cette affaire, ont été évaluées à 500 hommes tués et 2000 blessés.

A la suite du Traité conclu en Décembre avec la France et l'Angleterre, l'Autriche provoqua la réunion d'une conférence à Vienne avec le représentant de la Russie, aux fins d'amener la cessation de la guerre; mais après 2 à 3 mois de délibérations, la Russie n'ayant pas voulu céder sur le point de la limitation de ses forces dans la mer noire, la conférence fut rompue.

Un évènement sur lequel on avait d'abord fondé des espérances de paix arriva soudain : l'empereur de Russie, Nicolas Ier, atteint d'une grippe vers le milieu de Février, qui acquit bientôt un caractère de gravité, vers le 18 février, son médecin, le docteur Mandt, demanda la permission d'appeler d'autres médecins. L'Empereur prit la chose en plaisantant et consentit à ce qu'il fit venir le docteur Karrel; peu à peu l'état du malade empira au point que le 22 les médecins le conjurèrent de garder la chambre. Il ne voulut pas entendre parler de cette réclusion nécessaire. Le mal empira rapidement, et, le 2 mars, à midi, le czar Nicolas, qui, jusqu'à ce moment avait conservé le plus grand calme et la plus grande lucidité d'esprit, rendit paisiblement le dernier soupir. Le sceptre des autocrates passa sans opposition aux mains du fils aîné de l'Empereur, le grand-duc Alexandre, âgé de 37 ans.

Dans la nuit du 19 au 20 février, les Russes firent une sortie de Sébastopol sur deux points de la ligne des Français, mais ils furent repoussés avec de fortes pertes; dans celle du 23 au 24 une attaque fut dirigée du camp français vers un ouvrage élevé par les Russes, en avant de la droite de nos lignes lequel était précédé de plusieurs embuscades, présentant, au milieu de l'obscurité de la nuit, des obstacles dont il était difficile d'apprécier la disposition et la force.

Les troupes chargées de l'attaque les abordèrent avec vigueur et les culbutèrent, et, pendant que les bataillons qui marchaient à gauche et au centre franchissaient le obstables, les zouaves, conduits par le colonel Cler, et ayant à leur tête le général de Monet, blessé déjà quatre fois, pénétraient dans l'ouvrage sous un feu très-vif de mousqueterie et se jetaient sur l'infanterie russe, qui s'y trouvait massée. Cette infanterie céda le terrain après une lutte courte mais violente, à laquelle prirent une brillante part le détachement commandé par le capitaine Valesque, et celui de l'artillerie commandé par le lieutenant Delafosse. Les zouaves s'y sont montrés de la plus remarquable intrépidité.

Dans la soirée du 14 au 15 Mars, une nouvelle affaire s'engagea en avant du mamelon qui précède la tour Malakoff, et où les Russes avaient établi une première ligne d'embuscades, d'où les tirailleurs de l'ennemi incommodaient nos travailleurs, et d'où ils avaient tué, dans la matinée de ce jour, le capitaine de génie Guilhot.

Les troupes chargées de l'enlever, ont exécuté cette opération avec beaucoup de vigueur et d'entrain sous le feu de la mousqueterie et du canon de la place. L'opération a dû être continuée dans la nuit du 15 au 16; elle a été comme la veille, très vigoureusement menée, les embuscades furent rasées.

Dans la nuit du 22 au 23 Mars les Russes attaquèrent, avec des forces proportionnellement considérables, la tranchée de droite devant le mamelon qui précède la tour Malakoff, dont ils avaient décidé de s'emparer à tout prix, voulant s'en servir contre les assiégeants. Deux fortes colonnes russes, faisant ensemble une dizaine de mille hommes, se portèrent en avant pour attaquer la parallèle et la tête de sape. Une lutte acharnée, qui dura plusieurs heures, commença, lutte

dans laquelle on se battit à coups de feu, à coups de baïonnette, à coups de crosse et même à coups de pierre. Trois
fois l'ennemi lâcha pied, trois fois il revint à la charge. Enfin
il paraissait disposé à la retraite, lorsque tout-à-coup il se
précipita sur la droite. Il venait sans doute d'être informé que
la position de droite de la parallèle anglaise, qui se relie avec
celle des Français, n'était pas suffisamment occupée. Il put
en effet y pénétrer; mais il ne tarda pas à en être chassé par
les Anglais, qui accoururent et l'attaquèrent avec leur bra-
voure ordinaire.

Les Russes se retirèrent définitivement, laissant environ
600 morts sur le terrain. On peut estimer à 1,200 ou 1,500
au moins, le nombre d'hommes mis de leur côté hors de
combat. Les alliés eurent environ 400 hommes tués et blessés.

Le 9 Avril recommença le bombardement de la place par
toutes les batteries françaises et anglaises, lequel dura jusqu'au
20 et fit beaucoup de mal aux assiégés.

Dans la nuit du 15 Avril, les Russes firent une nouvelle
sortie, pendant laquelle ils ont engagé environ dix mille hommes, pour reprendre les embuscades; les pertes essuyées par
les troupes françaises se sont élevées à 250 hommes mis hors
de combat; mais les Russes repoussés à la suite d'une lutte
acharnée, ont éprouvé des pertes s'élevant à plus du triple.

Le 24, nouveaux combats. Des troupes de la division du
général Bosquet franchirent vers 7 heures du soir les tranchées, pour aller déloger l'ennemi de diverses embuscades.
Au bout d'une heure l'action s'engageait sur tous les points.
Les Russes se défendaient avec l'énergie qu'on leur connaît,
mais qui, toute persistante qu'elle soit, ne pouvait résister
à l'élan des nôtres. La lutte a été acharnée. Enfin, après
sept heures d'un combat des plus vifs, les Russes étaient forcés d'abandonner leurs embuscades, qui sont restées définitivement en notre pouvoir.

En avant de nos attaques de gauche, les Russes avaient
élevé un ouvrage de contre-approche dans des proportions
considérables, et déjà il avait reçu un armement particulier
de neuf mortiers à bras, dont le tir incommodait sérieuse-
ment nos travaux. Cette position avancée était pour l'ennemi d'une très-grande importance; de là il aurait peut-être
ruiné par son artillerie l'une des batteries françaises récem-
ment achevées, ainsi que les travaux qui l'entouraient, et
battu d'enfilade leurs attaques sur le bastion du Mât. Il s'a-
gissait par conséquent d'enlever cette position.

Le 1ᵉʳ mai, à dix heures du soir, et au moment où la lune, éclairant très-vivement, permettait d'opérer avec ordre, les troupes disposées en trois colonnes, quittaient nos parallèles.

L'ennemi, chassé de partout et poursuivi à la baïonnette, abandonna l'ouvrage et se retira en désordre dans la place, semant de cadavres le terrain qu'il parcourait, et laissant entre nos mains des prisonniers et des armes. Ses pertes ont été très-considérables. Nous avons pris les neuf mortiers portatifs trouvés en batterie.

Le 2 mai, à trois heures de l'après-midi, une colonne russe d'environ 3000 hommes fit brusquement une sortie sur l'ouvrage que nous venions de conquérir, et dont les défenses étaient encore fort imparfaites. Les assaillants commencèrent un feu de mousqueterie très-vif, et les plus hardis, escaladant le parapet, se jetèrent dans l'ouvrage, où ils furent tués ou faits prisonniers.

L'ennemi fut reçu avec courage par nos troupes et repoussé au-delà du parapet.

L'artillerie de la place ne cessa pas de protéger par un feu très-vif les efforts des assaillants; mais celui de nos batteries s'ouvrit à son tour, et après une lutte persistante, domina le feu de l'ennemi. Enfin, après plusieurs tentatives d'assaut restées impuissantes, les Russes se décidèrent à la retraite, abandonnant sur le terrain un grand nombre de morts.

A la suite de cette glorieuse affaire, le général Canrobert, dont la santé était gravement compromise, quitta le commandement en chef, qui fut remis avec l'agrément de l'empereur au général Pélissier.

Dans la nuit du 13 au 14, la canonnade fut d'une violence extrême. Quoique la pluie eût cessé, le temps était très obscur; aussi s'attendait-on à quelque sortie des Russes. Elle ne manqua pas. A onze heures de la nuit, une colonne ennemie fort nombreuse se glissa le long du ravin dit des Anglais et se jeta vigoureusement sur l'extrême gauche de leurs tranchées; mais ceux-ci étaient bien préparés. En effet, ils reçurent les Russes par des feux de deux rangs si bien nourris que l'ennemi ne put pénétrer dans les ouvrages. Pendant ce vif engagement, les Russes tentaient une autre sortie sur l'extrême gauche, dans le Cimetière, entre le bastion central et celui de la Quarantaine, mais ils ne réussirent pas mieux, quoiqu'ils les eussent renouvelés à deux reprises. Du côté de la Quarantaine l'ennemi avait commencé à élever de nouvelles lignes de contre-approches ; dans la nuit du 21 au 22 Avril par un effort de travail énorme et habilement dissimulé, il y ébaucha cette vaste place d'armes si menaçante pour nos attaques de gauche, et si propre à ménager à l'ennemi la possibilité de grands rassemblements et de sorties considérables. Il s'agissait de la leur enlever avant qu'ils eussent pu s'y consolider. Le général Paté fut chargé de cette opération.

L'action s'engagea au signal du général Paté, avec une impétuosité indicible. Au bout de quelques minutes, toutes les embuscades de droite étaient entre nos mains. Les vieux soldats de la légion étrangère avaient tout enlevé, et soutenus par le 28e de ligne, ils s'établissaient en avant des ouvrages russes et couvraient nos travailleurs. Mais des masses russes formidables ne tardèrent pas à déboucher du ravin de la Quarantaine, à entrer en action et disputer le terrain avec un rare acharnement. Les deux bataillons du 28e, le bataillon du 18e, les voltigeurs de la garde furent successivement engagés, et cette lutte héroïque dura jusqu'au matin. Cinq fois les embuscades les plus éloignées furent prises et reprises par les Russes et par nos troupes. Ces mêlées à la baïonnette furent terribles. Deux autres bataillons de voltigeurs de la garde, le 9e de chasseurs à pied et le 80e de ligne furent encore appelés sur le champ du combat, les uns pour y prendre part, les autres pour relever les morts et les blessés ; tous firent leur devoir.

Au milieu de cette lutte sanglante et glorieuse, les travaux du génie ne pouvaient s'organiser. Nous dûmes détruire les ouvrages de l'ennemi, de manière à ce qu'il ne pût s'y maintenir lui-même le lendemain, et force fut de remettre à la nuit suivante le second acte de notre entreprise. Aux premières lueurs du jour, les Russes avaient cessé de combattre, et nos bataillons rentrèrent dans la tranchée, laissant le terrain couvert de cadavres ennemis.

A l'attaque de gauche, les embuscades furent enlevées avec la même impétuosité. Là encore les Russes revinrent à la charge avec une ténacité extraordinaire. De nombreux assauts furent livrés, où l'on s'aborda à la bayonnette. Mais, au bout de deux heures, l'ennemi, découragé, opéra sa retraite, et notre génie installa solidement les travaux dans la gabionnade russe, qui devint définitivement notre conquête.

La nuit suivante, il fallait achever ce qui avait été entamé

...tant de vigueur; je prescrivis cet autre combat, atten-
...un plein succès de ce nouvel effort de notre valeureuse
...fanterie.

Le général de division Levaillant fut chargé d'accomplir
cette tâche avec dix bataillons, dont deux de voltigeurs de
la garde comme réserve. L'action s'engagea à la même heure
que la veille. L'élan de ces braves bataillons, appartenant au
...6e, au 98e, au 14e, au 80e fut irrésistible. Les embuscades
...urent tournées et enlevées; l'ennemi, partout enfoncé, se re-
...tira en entretenant une fusillade, qui cependant s'apaisa peu-
à-peu, et qui finit par s'éteindre. Le génie put aussitôt com-
...mencer les travaux et les pousser, malgré la mitraille et les
...projectiles de toute nature, lancés par la place.

Les Russes eurent dans ces deux affaires de nuit 5000 à
6000 hommes hors de combat.

De ce moment le principal point d'attaque devenait la forte
position du mamelon vert, en avant de la tour Malakoff, et
qui consistait en plusieurs bastions reliés ensemble, dont on
...avait jusqu'ici successivement enlevé les défenses d'approche.
C'est dans la nuit du 7 au 8 Juin que fut entreprise cette
...attaque. Au signal convenu, la brigade Lavarande, celles de
Failly, des colonel Wimpffen, Rose et Brancion s'élancent
...chacune sur les positions qui leur étaient désignées. Malgré
...le feu de mitraille et de mousqueterie qui, pendant les 200
à 500 mètres qu'elles avaient à parcourir, leur faisaient perdre
...un grand nombre d'hommes, les colonnes pénétrèrent dans
...les batteries par les embrasures et par les brèches. Une lutte
...corps-à-corps s'engagea sur tous les points : bon nombre de
...défenseurs furent tués sur place, et bientôt les Français res-
...tèrent maîtres du retranchement.

Forcés sur les points attaqués par les deux premières bri-
gades et serrés de près par les nôtres, les Russes fuyèrent en
...désordre, soit vers une batterie construite, depuis le 2 mai,
...pour défendre l'embouchure du ravin du Carénage; soit
...vers le pont qui traverse la baie par laquelle ce ravin débou-
che dans le grand port de Sébastopol.

Une partie de nos soldats, entraînés à la poursuite de
l'ennemi, s'emparèrent de la batterie du 2 mai, dont les pièces furent aussitôt enclouées. Toutefois, comme cette batterie
...se trouve à 500 mètres de l'ouvrage du 22 février, le plus
...éloigné de nos lignes, et qu'elle était placée sous la double
...protection des ouvrages de l'enceinte et des forts du nord

de la rade, il était impossible de songer à l'occuper encore.

Le général Mayran, voyant une colonne russe s'avancer pour reprendre la batterie du 2 mai, ordonna une charge à la baïonnette qui refoula cette colonne dans la place, et nous donna 60 prisonniers, parmi lesquels 3 officiers.

Les trois autres colonnes enlevèrent, avec le même élan, les deux coupures avancées et de fortes embuscades intermédiaires. La mitraille de la redoute, les feux convergents du grand Redan et des batteries qui sont à la gauche de la tour Malakoff ne ralentirent pas leur marche.

L'ordre formel avait été donné de ne pas dépasser la gorge de l'ouvrage, et de s'y créer aussitôt un logement contre les feux et les tentatives de la place.

Mais, entraînés par leur ardeur, nos soldats poursuivent les Russes jusqu'au fossé de la batterie Malakoff, à 400 mètres environ de la redoute, et cherchent à pénétrer avec eux dans l'enceinte. Ainsi que cela devait être, ils sont forcés de se replier sous le feu violent et à bout portant des réserves ennemies garnissant les remparts. Les deux ailes de la ligne française se rejettent en arrière, pendant que l'assiégé fait sortir de la place une forte colonne de troupes fraîches qui marche droit sur notre centre.

La redoute du Mamelon-vert ne pouvait en ce moment, offrir encore aucun abri. Le feu avait fait sauter soit une fougasse préparée par l'ennemi, soit un magasin à poudre, qui avait gravement brûlé le commandant Tixier, du 3ᵉ chasseurs à pied, et un certain nombre d'hommes. Il n'y avait pas un moment à perdre. Le général Camou donne l'ordre au général Vergé de sortir des tranchées; le général Bosquet envoie à la 5ᵉ division l'ordre de marcher. Ces divisions se formèrent incontinent sous le feu de l'ennemi, gravirent la pente en battant la charge et rallièrent les troupes de la brigade Wimpffen. La position était emportée et l'ennemi refoulé une seconde fois dans la place : nous étions définitivement maîtres du Mamelon-Vert avec les 73 bouches à feu qui constituaient son armement, que nos troupes occupèrent triomphalement et définitivement aux cris enthousiastes et mille fois répétés de *vive l'Empereur !*

Depuis la conquête des ouvrages précités, le général commandant avait tout rapidement disposé pour en faire la base d'une attaque contre l'enceinte même de Karabelnaïa (dont la tour Malakoff est la tête), et il fut convenu ue cette opération devait avoir lieu le 18, à l'aube du jour. A un signal donné par le général Pélissier, les trois divisions des généraux Mayran, Brunet et d'Autemarre, devaient se mettre en mouvement. Malheureusement le général Mayran crut voir le signal indiqué dans une bombe traçante qui avait été lancée de la redoute Brancion, et attaqua un quart d'heure plus tôt qu'il n'aurait dû le faire. Néanmoins sa division tint ferme devant le feu meurtrier des nombreux ennemis qu'elle avait à combattre. Lorsque vint le signal réel, les autres divisions s'élancèrent à leur tour contre les ouvrages qui leur étaient désignés avec une grande impétuosité, mais l'attaque du centre ni celle de droite intempestivement engagée ne réussirent ; la division de l'attaque de gauche parvint jusqu'au retranchement qui le relie à la tour Malakoff. Déjà les sapeurs du génie disposaient les échelles pour le surplus du 19ᵉ et pour le 26ᵉ régiment, dont le général d'Autemarre précipitait le mouvement à la suite de sa valeureuse tête de colonne. Un instant nous pûmes croire au succès. Nos aigles avaient été arborées sur les ouvrages russes. Malheureusement cet espoir dût promptement disparaître. Nos alliés avaient rencontré de tels obstacles, dans leur attaque du grand Redan, et ils avaient essuyé de tels feux de mitraille que, malgré leur ténacité bien connue, ils avaient déjà été obligés de prononcer leur mouvement de retraite. Tel était l'élan de nos troupes que, nonobstant cette circonstance, elles auraient poussé en avant, et continué à charger à fond l'ennemi ; mais le manque de simultanéité dans l'attaque de nos divisions, laissa les Russes libres de nous accabler avec les réserves et l'artillerie du grand Redan, et l'ennemi ne perdit pas un instant pour diriger sur nos braves chasseurs à pied toutes les autres réserves de Karabelnaïa.

Devant des forces aussi imposantes, le commandant Garnier, du 5ᵉ bataillon, déjà frappé de cinq coups de feu, chercha mais en vain à conserver le terrain conquis. Obligé de plier sous le nombre, il repassa le retranchement. Le général Pélissier voyant qu'un nouvel effort n'eût conduit qu'à une effusion de sang inutile, donna l'ordre partout de rentrer dans les tranchées. Cette opération s'effectua fièrement, avec beaucoup d'ordre et de sang-froid, et sans nulle poursuite de l'ennemi sur aucun point. Une portion des tranchées russes est restée même occupée par quelques-uns de nos gens, qui s'écoulèrent successivement et sans que l'ennemi osât profiter contre eux d'aucun de ses avantages.

Les pertes des troupes alliées ont été grandes; elles consistèrent en 37 officiers tués et 17 prisonniers, 1544 sous-officiers et soldats tués ou disparus, 96 officiers et 1644 hommes entrés aux ambulances le 18 au soir.

Après cette affaire les travaux d'approche des tranchées, qui étaient alors encore à 400 mètres de la place, furent repris avec une nouvelle ardeur et malgré le feu de l'ennemi, qui devint plus gênant et plus dangereux, à mesure que les travaux avançaient. Vers le commencement de septembre les travaux du génie étaient parvenus à 30 et 40 mètres du bastion du Mât et du bastion central; à la droite, les cheminements poussés très-activement, sous la protection du feu soutenu de l'artillerie ouvert depuis le 17, n'étant plus qu'à 25 mètres du saillant de Malakoff et du petit redan du Carénage, une attaque décisive fut convenue pour le 8 septembre.

Dans la matinée du 8, l'artillerie de nos attaques de gauche, qui, depuis le 5 au point du jour, avait entretenu un feu violent, continua d'écraser l'ennemi de ses projectiles; aux attaques de droite, nos batteries tirèrent vivement aussi, mais en continuant soigneusement les allures qu'elles avaient prises quelques jours auparavant.

Vers huit heures, le génie avait lancé sur le bastion Central deux mines de projection chargées chacune de 100 kilogrammes de poudre, et à la même heure, il avait fait jouer en avant de nos cheminements, sur le front de Malakoff, trois fourneaux chargés ensemble de 1,500 kilogrammes de poudre, afin de rompre les galeries inférieures du mineur russe.

À midi juste, toutes nos batteries cessèrent de tonner, pour reprendre un tir plus allongé sur les réserves de l'ennemi. A la voix de leurs chefs, les divisions de Mac-Mahon, Dulac et de la Motterouge sortirent des tranchées. Les tambours et les clairons battirent et sonnèrent la charge, et, au cri de *Vive l'Empereur!* mille fois répété sur toute la ligne, nos intrépides soldats se précipitèrent sur les défenses de l'ennemi. Ce fut un moment solennel.

La largeur et la profondeur du fossé, la hauteur et l'escarpement des talus rendirent l'ascension extrêmement difficile pour nos hommes; mais enfin ils parvinrent sur le parapet, garni de Russes qui se firent tuer sur place et qui, à défaut de fusil, se font arme de pioches, de pierres, d'écouvillons, de tout ce qu'ils trouvèrent sous leur main. Il y eut là une lutte corps-à-corps, un de ces combats émouvants, dans lequel l'intrépidité de nos soldats et de leurs chefs pouvait seul leur donner le dessus. Ils sautèrent aussitôt dans l'ouvrage, refoulèrent les Russes qui continuèrent de résister, et, peu d'instants après, le drapeau de la France était planté sur Malakoff pour ne plus en être arraché.

A droite et au centre, avec ce même élan qui avait renversé tous les obstacles et refoulé au loin l'ennemi, les divisions Dulac et de la Motterouge, entraînés par leurs chefs, s'étaient emparées du petit-redan du Carénage et de la courtine, en poussant même jusque sur la seconde enceinte en construction.

Le génie, qui avait marché avec les colonnes d'assaut, était déjà à l'œuvre, comblait les fossés, ouvrait des passages, jetait les ponts. Dans ce moment sur un signal convenu les Anglais marchèrent à l'attaque du grand Redan ; ils avaient 200 mètres à franchir sous un terrible feu de mitraille. Cet espace fut bientôt jonché de morts ; néanmoins, ces pertes n'arrêtaient pas la marche de la colonne d'attaque, elle descendit dans le fossé, qui a près de cinq mètres de profondeur, et, malgré tous les efforts des Russes, elle escalada l'escarpement et enleva le saillant du Redan. Là, après un premier engagement qui coûta cher aux Russes, les soldats anglais ne trouvaient devant eux qu'un vaste espace libre criblé par les balles de l'ennemi, qui se tenait abrité derrière des traverses éloignées. Ceux qui arrivaient remplaçaient à peine ceux qui étaient mis hors de combat. Ce n'est qu'après avoir soutenu, pendant près de deux heures, ce combat inégal que les Anglais se décidèrent à évacuer le Redan. A la gauche, au signal convenu, les colonnes de la division Levaillant, commandée par les généraux Couston et Trochu, se précipitaient tête baissée sur le flanc gauche du bastion Central et la lunette de gauche. Malgré une grêle de balles et de projectiles, et après une lutte très-vive, l'élan et la vigueur de ces braves troupes triomphèrent d'abord de la résistance de l'ennemi, et malgré les difficultés accumulées devant elles, elles pénétrèrent dans les deux ouvrages. Mais l'ennemi, replié derrière des traverses successives, tenait ferme partout. Une fusillade meurtrière partait de toutes les crêtes ; plusieurs fougasses que l'ennemi fit jouer produisirent un moment d'hésitation ; enfin un retour offensif, fait par de nombreuses co-

lonnes russes, força nos troupes à abandonner les ouvrage
qu'elles avaient enlevés et à se retirer dans nos places d'arm
avancées; mais nos batteries de cette partie des attaque
forcèrent l'ennemi à s'abriter derrière ses parapets. Le gé
néral de Salles, faisant avancer la division d'Autemarre, pré
parait pendant ce temps une seconde et redoutable attaque
mais Malakoff étant pris, le général Pélissier lui fit dire d
ne pas la lancer.

Au moyen des batteries de la Maison-en-croix, de l'arti
lerie de ses vapeurs, de canons de campagne amenés sur de
points favorables et des batteries du nord de la rade, l'en
nemi nous inondait de mitraille, de projectiles de toute na
ture, et portait le ravage dans nos rangs. Le magasin à pou
dre de la Poterne venait de faire explosion en augmentant no
pertes et en faisant disparaître un moment l'aigle du 91
Bon nombre d'officiers supérieurs et autres étaient ou blés
sés ou tués. Trois fois les divisions Dulac et de la Motterouge
s'emparent du Redan et de la courtine, et trois fois elles son
obligées de se replier devant un feu terrible d'artillerie et de
vant les masses profondes qu'elles trouvent devant elles. Une
partie de ces deux divisions, soutenue dans cette lutte héroï
que par les troupes de la garde, qui s'est couverte de gloire
dans cette journée, parvint enfin à s'établir sur toute la
gauche de la courtine, d'où l'ennemi ne put plus la chasser

Durant ces combats renouvelés de la droite et du centre
les Russes redoublaient d'efforts pour reconquérir Malakoff
Cet ouvrage, qui est une sorte de citadelle en terre de 350
mètres de longueur sur 150 mètres de largeur, couronne un
mamelon qui domine tout l'intérieur du faubourg de Kara
belnaïa.

Du côté de la tour Malakoff, les Russes renouvelèrent cons
tamment leurs attaques, mais ils furent toujours repoussés
ils voulurent faire cependant une tentative dernière et déses
pérée : formés en colonnes profondes, ils assaillirent par troi
fois la gorge de l'ouvrage, et trois fois ils furent obligés d
se retirer, avec des pertes énormes, devant la solidité de no
troupes.

Après cette dernière lutte, qui se termina vers cinq heure
du soir, l'ennemi parut décidé à abandonner la partie, et se
batteries seules continuèrent jusqu'à la nuit à nous envoye
quelques projectiles qui ne nous firent plus beaucoup de mal

Les détachemens du génie et de l'artillerie qui, pendant t

combat, s'étaient ou bravement battus ou activement employés à leur mission spéciale, se mirent aussitôt à l'œuvre, sous la direction de leurs officiers, pour exécuter les travaux urgents dans l'intérieur de l'ouvrage et pour nous consolider définitivement dans Malakoff et sur la partie de la courtine restée en notre pouvoir, de manière à résister, au besoin, à une attaque nocturne de l'ennemi. Ces dispositions devinrent inutiles. Désespérant de reprendre Malakoff, l'ennemi venait de s'arrêter à un grand parti : il évacuait la ville.

Bientôt des incendies se manifestaient sur tous les points ; l'assiégé faisait à tout moment sauter ses défenses, ses magasins à poudre, ses édifices, ses établissements. Le soleil, en se levant, éclaira cette œuvre de destruction, qui était bien plus grande encore qu'on ne pouvait le penser ; les derniers vaisseaux russes mouillés la veille dans la rade étaient coulés ; le pont était replié ; Sébastopol était à nous.

Nos pertes, dans cette journée, sont de 5 généraux tués, 4 blessés et 6 contusionnés ; 24 officiers supérieurs tués, 20 blessés et 2 disparus ; 116 officiers subalternes tués, 224 blessés, 8 disparus, et 1,489 sous-officiers et soldats tués, 4,259 blessés et 1,400 disparus : total, 7,551.

Les Russes, d'après le rapport du général Gortschakoff lui-même, ont eu dans cette journée 11500 hommes mis hors de combat.

[illegible]

BIBLIOTHEQUE NATIONALE DE FRANCE
3 7531 04272194 5